AF229308

RELIGION ET PATRIE

DISCOURS

Prononcé à la

CONSÉCRATION DE L'ÉGLISE DE LOIGNY

Le 18 Septembre 1893

Par Mgr D'HULST

RECTEUR DE L'INSTITUT CATHOLIQUE DE PARIS

DÉPUTÉ DU FINISTÈRE

Se vend au profit de la Construction du Clocher de Loigny

CHARTRES

IMPRIMERIE GARNIER

15, Rue du Grand-Cerf, 15

1893

RELIGION ET PATRIE

DISCOURS

Prononcé à la

CONSÉCRATION DE L'ÉGLISE DE LOIGNY

Le 18 Septembre 1893

Par MGR D'HULST

RECTEUR DE L'INSTITUT CATHOLIQUE DE PARIS
DÉPUTÉ DU FINISTÈRE

RELIGION ET PATRIE

DISCOURS

Prononcé à la

CONSÉCRATION DE L'ÉGLISE DE LOIGNY

Le 18 Septembre 1893

Par Mgr D'HULST

RECTEUR DE L'INSTITUT CATHOLIQUE DE PARIS

DÉPUTÉ DU FINISTÈRE

Se vend au profit de la Construction du Clocher de Loigny

CHARTRES

IMPRIMERIE GARNIER

15, Rue du Grand-Cerf, 15

1893

RELIGION ET PATRIE

DISCOURS

PRONONCÉ A LA CONSÉCRATION DE L'ÉGLISE DE LOIGNY

LE 18 SEPTEMBRE 1893.

PAR MgR D'HULST

RECTEUR DE L'INSTITUT CATHOLIQUE DE PARIS, DÉPUTÉ DU FINISTÈRE

> *« Magna erit gloria domus istius novissimæ plus quam primæ ; et in loco isto dabo pacem, dicit Dominus exercituum. »*
>
> Grande sera la gloire de ce nouveau temple ; elle dépassera la gloire de l'ancien. En ce lieu je donnerai la paix, dit le Seigneur Dieu des armées.
>
> AGGÉE, II, 10.

MESSEIGNEURS,

MES FRÈRES,

Quand les Israélites, après soixante-dix ans de captivité à Babylone, rentrèrent dans leur patrie, ils trouvèrent la ville sainte et le temple en ruines. Il fallut que Dieu suscitât des chefs inspirés et des prophètes pour donner à son peuple abattu le courage de relever ces tristes débris. Et lorsque le nouveau temple fut sorti de terre, ce fut un autre sujet de tristesse. Les vieillards qui avaient vu la splendeur du premier sanctuaire, en opposaient les magnificences à la pauvreté du second. « Celui-ci, disaient-ils, est devant nos yeux comme s'il n'était pas. » Mais le prophète Aggée leur fut député par le Seigneur pour ranimer leur foi et leur espérance : « Ne craignez rien, leur dit-il ; mon esprit est au milieu de vous. Grande sera le gloire de cette maison ; elle dépassera la gloire de l'ancienne. En ce lieu je donnerai la paix, dit le Seigneur Dieu des armées. »

Il nous sera permis, mes frères, de détourner pour un instant de leur sens historique ces paroles du prophète afin d'en faire l'application à cette église qui vient de recevoir l'onction sacrée. Entre le temple relevé par Zorobabel et l'édifice qui nous rassemble, je vois d'abord un contraste; mais, en y regardant de plus près, c'est une ressemblance qui me frappe.

Le contraste est évident : le temple de Zorobabel était inférieur en richesse et en beauté à celui de Salomon; à Loigny, au contraire, c'est de l'ancien édifice qu'il faut dire qu'il n'était rien à côté du nouveau.

Mais voici maintenant l'analogie : si nous recherchons la supériorité morale, de part et d'autre l'avantage reste à la nouvelle demeure. Le second temple de Jérusalem devait recevoir dans son enceinte la personne même du Messie, dont le premier n'avait contenu que la figure. La seconde église de Loigny garde avec les ossements des martyrs du devoir, le souvenir de leur héroïsme et les espérances dont leur immolation reste le gage.

Une double consécration désignera désormais ce lieu à un double culte : la consécration du Pontife l'a voué au culte de Dieu; la sépulture des braves l'a dédié au culte de a patrie. Egaler ou opposer entre elles ces deux religions du ciel et de la terre serait une folie sacrilège; subordonner l'une à l'autre, chercher dans la première les inspirations de la seconde, c'est rouvrir pour la France malheureuse les sources de l'espérance et appeler sur elle les bénédictions de la paix. *In loco isto dabo pacem, dicit Dominus exercituum.*

I

D'abord ce temple est dédié au Seigneur. L'homme est ainsi fait qu'il a besoin d'adorer ce qu'il aime. S'il ne pouvait rien aimer que d'imparfait, il serait donc tristement condamné à l'illusion et au sacrilège. Car quelle plus grande duperie que de se prosterner devant un être indigent et infirme comme celui qui l'adore ? Quelle plus grande impiété que de prostituer à la créature l'hommage transcendant qui n'est dû qu'au Créateur ?

C'est en vain que notre orgueil nous berce d'un rêve d'indépendance. Nous dépendons de tout ce qui nous environne, mais nous dépendons avant tout de celui qui nous a faits. Tout le jeu de notre liberté consiste à choisir notre maître ; l'intérêt de notre honneur est de le bien choisir et de le placer si haut que nous nous élevions en l'adorant. Voilà pourquoi il n'y a d'âmes vraiment fières que celles des hommes qui savent s'incliner devant Dieu. Toute autre sujétion les trouvera rebelles, tout autre culte les trouvera debout. Eux seuls sauront résister à la tyrannie du plaisir, à celle de l'or, à celle de l'opinion ou de la mode. Faisons, si vous le voulez, une supposition douloureuse. Imaginons qu'elle réussisse pleinement, cette conspiration des impies qui ont juré d'exterminer le culte du vrai Dieu sur la terre et d'en effacer jusqu'à son nom. Hélas ! ce n'est pas là une imagination vaine. Tous les jours nous sommes témoins de leurs efforts sacrilèges et de leurs effrayants progrès. Qu'un jour vienne où leur triomphe soit complet. Ce jour là, il n'y aura plus de temples ni d'autels. L'homme ne s'agenouillera plus devant l'invisible, mais il s'agenouillera encore et plus bas : il se courbera devant une fatalité aveugle, devant cette déesse sans raison et sans entrailles qui s'appelle la nécessité. Il saura même se forger des idoles plus misérables ; un sabre, la botte d'un tyran, un sac d'écus, moins que cela : un préjugé, le mot d'ordre d'un parti, la consigne d'une coterie, il n'en faudra pas davantage pour faire fléchir sa dignité et sombrer son honneur.

Pour venir ici, vous avez parcouru ces plaines monotones de la Beauce. A quel signe avez-vous reconnu de loin les groupes d'habitations ? A ce clocher qui partout s'élève plus haut que les demeures des hommes, parce qu'il désigne la maison de Dieu. Otez le culte, les villages seront sans clochers et la platitude du paysage exprimera trop fidèlement l'aplatissement des âmes.

C'est donc venir au secours de la dignité humaine, que de dresser au milieu d'un peuple cet emblème qui rappelle aux habitants de la terre la grandeur de leurs origines et la sublimité de leurs destinées.

Et c'est là ce que vous êtes venu faire aujourd'hui, Monseigneur, par vous-même et par la main d'un des fils de votre Église chartraine, devenu votre frère dans l'épiscopat. Les malheurs de la guerre, en dévastant cette contrée, avaient renversé les murs du vieux temple de Loigny. Des mains pieuses ont relevé ces ruines. Mais ni la science ni l'art ne suffisent à distinguer des édifices profanes la demeure où Dieu veut habiter. Il y faut la majesté des rites et des symboles, la prière autorisée de l'Eglise tout entière, les lustrations, les onctions, les invocations du Pontife. Vous avez vu se dérouler devant vos yeux, mes Frères, la pompe inaccoutumée de cette liturgie imprégnée de la religion des siècles. Chaque oraison vous apportait l'écho des supplications du passé ; chaque cérémonie évoquait sous vos regards le symbolisme de l'antique Orient, adapté par la tradition chrétienne aux mystères sublimes de notre foi. Et maintenant, l'œuvre est parfaite ; le temple bâti de main d'homme est soustrait pour jamais aux usages vulgaires, il est voué pour toujours au culte du vrai Dieu. Ce parvis ne s'ouvrira plus qu'aux foules priantes. Nul n'en franchira le seuil sans purifier ses mains et sa tête aux fontaines lustrales ; nul n'avancera vers le sanctuaire sans s'être agenouillé pour adorer l'hôte divin qui l'habite. Ces voûtes retentiront des chants sacrés qui disent les grandeurs de Dieu et ses bienfaits. Ce baptistère enfantera les nouveaux-nés à la vie de la grâce et en fera par avance les citoyens du Ciel. Cette chaire sera la tribune réservée où monte celui-là seul qui parle au nom du Seigneur ; ce tribunal n'entendra que les sentences du pardon ; cette cloche, ruisselante encore du chrême qui l'a consacrée hier, appellera le peuple aux fêtes de la religion ; elle dira la joie des naissances, le bonheur des hymens, l'angoisse des agonies, la prière et les larmes qui coulent sur les cercueils : elle sera tour à tour la voix de l'adoration et de la reconnaissance, celle de la douleur et de l'invincible espoir. Mais l'autel surtout, ah ! l'autel ! A lui seul, il est l'église tout entière, car il est le lieu du sacrifice où se résume tout le culte. Cette pierre où la main du Pontife a répandu l'huile parfumée de baume et de prière, où elle a caché dans de secrets réduits les ossements des saints, servira de support aux plus redoutables mystères. Le corps du Christ y reposera dans sa prison Eucharistique ; le sang du Rédempteur y coulera tous les jours pour renouveler l'oblation qui protège le monde contre ses propres crimes et suspend au-dessus des pécheurs la main de la Justice entravée par la Miséricorde.

C'est ainsi que Dieu s'est préparé une demeure. Parce qu'il est Père, sa maison sera la vôtre. Chacun de vous y a, de droit, sa place, comme l'enfant au foyer. Venez-y souvent, mes frères, confier au « Cœur qui a tant aimé les hommes » vos craintes et vos désirs, vos regrets et vos espérances. Venez renouveler à cette source vos provisions de vertus et de courage, venez y laver dans l'aveu les souillures de vos âmes, venez y panser dans la prière les blessures de vos cœurs, venez y chercher les inspirations qui relèvent, les pensées qui fortifient et qui consolent. Si le vent du siècle avait desséché en vous la vie de la foi, baignez-vous avec confiance dans cette rosée de grâce et d'amour que distille la toison du divin agneau. Paroisse de Loigny, tu as connu, comme les autres bourgades, tes sœurs, le mal de l'indifférence religieuse. Mais Dieu t'a fait sans qu'il y ait de ton choix, une destinée à part. Illustre désormais par les souvenirs que ton nom rappelle, tu n'as pas le droit d'abriter tes défaillances derrière de vulgaires exemples. Il faut que ton peuple soit digne des grandes choses qui se sont accomplies sur ton sol. Reviens, reviens à ton Dieu qui t'appelle ! Que tes vertus fassent à ce temple restauré une parure plus belle encore que celle qu'il tient des magnificences de l'art ! Alors, alors seulement, l'oracle prophétique trouvera en toi son plein accomplissement. Grande sera la gloire de cet édifice consacré ; elle dépassera la gloire de l'ancien sanctuaire ; Dieu lui-même y versera les trésors de la paix. C'est la première exhortation qui ressort pour nous de cette solennité.

II

Mais Loigny n'est pas seulement le temple de Dieu : c'est encore le sanctuaire d'une religion secondaire, dépendante du culte de Dieu, et nécessaire, elle aussi, à l'existence des nations : le patriotisme, la religion de la patrie.

Comme la religion qui s'adresse à Dieu, celle-ci pareillement a ses détracteurs et ses apostats. Mais disons-le à l'honneur de notre peuple : ils ont toujours été rares sur la terre de France ; aujourd'hui on les chercherait en vain ; s'il en existe encore, ils se cachent et dissimulent sous de menteuses apparences la honte de leur félonie. On n'ose plus dire : je n'ai pas de patrie ; on dit : j'ai pour patrie le monde, pour concitoyens tous les hommes. Comme si ce n'était pas encore une façon, et la meilleure, d'aimer l'humanité que de l'aimer d'abord dans ce qui incarne nos souvenirs et réveille l'image de nos plus chères affections. Poussez à l'extrême le raisonnement de ces sophistes, vous verrez la famille disparaître après la patrie ; pour ne pas faire tort aux inconnus, on traitera en étrangers son père, sa mère et ses frères, comme on affectait de mettre au même rang le Français et le Lapon.

Quoi qu'il fasse, l'homme n'a jamais raison contre la nature, ce serait avoir raison contre Dieu. Or la nature, qui a fait l'homme sociable, a tracé autour de lui deux cercles concentriques, la famille et la nation. Privé de l'appui de la famille, l'être individuel ne tarderait pas à périr et l'espèce avec lui. Mais quand la famille multiplie ses branches, on voit naître deux besoins en apparence contraires ; il faut que les groupes se séparent pour vivre, il faut qu'ils se rapprochent et se fondent dans une unité nouvelle, moins étroite, moins irréductible, mais voulue de Dieu, elle aussi, et nécessaire comme la première.

Dira-t-on que l'humanité tout entière peut fournir cette unité de la société civile ? Non, car la loi des unités collectives, c'est la communication permanente entre les éléments qui les composent ; et, d'un bout du monde à l'autre, cette communication ne saurait exister.

Il y a donc des limites naturelles à l'extension d'un peuple. Qu'elles ne soient pas inflexibles, que l'intérêt ou la violence puissent les faire varier d'un siècle à l'autre, l'histoire ne permet pas de le contester. Ce n'est pas une raison pour nier ces limites elles-mêmes. Elles ne se laissent pas supprimer, leur trace est visible. En deça, c'est la patrie, au-delà c'est l'étranger.

L'étranger, dis-je, et non pas comme disaient les anciens, le barbare ou l'ennemi. Car nous vivons en pleine civilisation chrétienne. Nous savons que Dieu est le père de tous les hommes ; nous aimons par-dessus les frontières des frères inconnus ; le récit de leurs malheurs nous émeut ; aux jours des grandes catastrophes, nous leur envoyons le tribut de notre pitié généreuse. Mais l'échange quotidien se fait dans l'enceinte sacrée du territoire national. C'est là que la communauté d'intérêts est plus étroite, la réciprocité plus parfaite, la sympathie plus vive. Ajoutez à cela l'œuvre des siècles ; accumulez les souvenirs que les générations se transmettent et qui composent à une nation son trésor héréditaire : souvenirs de gloire et d'héroïsme, de revers et de deuils, de relèvements et de délivrances ; ne sentez-vous pas qu'une âme passe à travers ces choses, qu'elle les anime et les consacre, qu'elle les rend chères à jamais à tous ceux qui peuvent se réclamer du culte commun de la patrie ?

Et quand ces choses sont menacées, quand la violence a rompu le lien de cette fraternité lointaine qui unissait deux peuples ; quand l'étranger foule notre sol, quand il y promène la dévastation et la mort, ah ! ne me demandez pas alors où est le bon droit dans ce conflit. Humble citoyen, étranger aux subtilités des chancelleries, je n'ai point à trancher un tel litige. Sans doute, c'est un poids terrible sur une conscience humaine que la responsabilité de la guerre. Mais de quel côté sont ceux qui la portent ? Et qui donc, hormis Dieu, saura les désigner à coup sûr ? Son jugement souverain en décidera un jour. En attendant, le devoir est certain : il faut courir aux armes, il faut défendre la patrie.

O Loigny, c'est là ce que tu nous rappelles. Autrefois village obscur, perdu dans l'immensité de la plaine beauceronne, tu m'apparais aujourd'hui comme un point lumineux sur la carte de France. Ton nom y brille d'un plus vif éclat que ceux des cités tes voisines, Patay, Jargeau ou Meung, illustrés par les victoires de Jeanne d'Arc. La gloire, un jour, s'est reposée sur toi, mais c'était en un jour de défaite ; d'une de ces défaites dont Bossuet a dit qu'elles sont triomphantes à l'envi des victoires. Ah ! cette gloire d'une espèce à part, Jeanne l'a connue aussi ; mais ce ne fut ni à Orléans ni à Reims : ce fut à Rouen, au pied d'un bûcher. Cette gloire porte un nom sacré qui fait tressaillir les oreilles humaines, elle s'appelle le martyre ! Le martyre, c'est à dire le témoignage, la fidélité héroïque qu'aucun revers ne déconcerte, qui s'attache à une cause perdue et la sauve en croyant en elle. Jeanne vaincue, enchaînée, calomniée, condamnée, brûlée, a cru à la France et sa foi ne l'a pas trompée. Jeanne est morte et la France lui a dû la vie.

Héros de Loigny, je vous donnerai votre vrai nom en vous appelant martyrs. A l'heure où vous avez rougi de votre sang les champs qui nous environnent, il n'était plus question de victoire. Combattiez-vous pour des trophées, valeureux soldats du 37ᶜ de marche, lorsque, oubliés dans Loigny, vous refusiez de prendre sur vous la décision de la retraite ? Non, j'en atteste votre chef qui est ici, dans cet auditoire, le vaillant commandant de Fouchier. Vous et lui, vous combattiez pour mourir, parce que la mort vous paraissait la rançon de l'honneur. Vous empruntiez, sans le savoir, à saint Paul ce mot sublime : Quand la vie est au prix d'une défaillance, c'est la mort qui est un gain, *mori lucrum*. Et voilà de quel profit vous étiez avides, ô martyrs.

Et vous, les zouaves ; vous les trois cents Spartiates d'une épopée chrétienne, dites, qu'attendiez-vous de cette marche en avant sur le bosquet dont par vous le nom est entré dans l'histoire ? Pensiez-vous, chétive poignée de braves, changer le sort d'une bataille où des masses formidables avaient achevé de se heurter ensemble ? Non, l'armée française était rompue ; il s'agissait de retarder un moment l'ennemi et de protéger la retraite. Et vous voilà partis, alertes et joyeux. Troussures saute au cou de Sonis : « Merci, mon général, de nous conduire à une pareille fête. » L'ennemi voit cette fière allure, il croit avoir devant lui une avant-garde puissamment soutenue ; il recule jusqu'au village ; là seulement, il reconnaît que derrière ces héros il n'y a rien ; alors il les extermine. Quand la retraite sonne, les 300 ne sont plus que 102. O zouaves, pour vous aussi, pour vous surtout, la mort a été un gain, *mori lucrum* ; car vous avez glorifié en mourant, vos deux mères, l'Église et la France, car vous avez teint de votre sang deux étendards, celui de la Patrie et celui du Sacré-Cœur. Vous aussi, vous surtout, vous êtes tombés en martyrs.

Au-dessus de cette troupe héroïque, deux figures se détachent avec un singulier relief. Voyez ces deux officiers généraux qui confèrent ensemble avant la charge. C'est Sonis avec Charette : Sonis, de tout temps soldat de la France, mais dont la foi a fait avant tout un soldat du Christ, *Miles Christi*, comme nous le lisons sur sa tombe ; Charette, hier encore soldat du Pape, chef de cette légion d'héroïques enfants qui de France, de Belgique, de Hollande, étaient accourus à la défense du Pontife menacé. « Mon ami, dit Sonis à Charette, prêtez-moi un de vos bataillons. » Et c'est ainsi qu'à été scellée l'alliance du drapeau national avec la blanche bannière.

Les deux héros sont partis ensemble, ensemble ils sont tombés ; mais le plus jeune a été réservé pour les victoires à venir ; Sonis est entré tout entier dans sa vocation de martyr.

Vous peindrai-je pour la centième fois les horreurs de cette nuit passée par le blessé sur un lit de neige, sous la morsure de la bise, sous l'étreinte de souffrances indicibles ? Vous redirai-je ce dialogue sublime du soldat abandonné avec la Reine du Ciel ? Puis, après vingt heures d'une agonie effroyable, la délivrance, qui ne fait que renouveler et prolonger les douleurs ! Quarante-cinq jours de tortures endurées sur la paille d'une cave, avant de retrouver des forces que, pendant quinze ans, le soldat du Christ consacrera de nouveau à la France, jusqu'au jour où, vaincu par le chagrin plus encore que par la maladie, il viendra trouver enfin dans la crypte de Loigny le repos promis aux martyrs !

Ah ! qu'ils sont bien placés là, les ossements des héros ! L'antiquité chrétienne avait eu cette divination que la pierre de l'autel doit s'appuyer sur l'urne qui contient les restes des martyrs. Ainsi leur sang se mêle à celui de l'Agneau sans cesse immolé ; et de ces sacrifices, inégaux en valeur, il se fait une seule oblation qui monte vers Dieu et rachète le monde.

Honneur à vous, bon pasteur de Loigny ! Depuis plus de trente ans, vous êtes au milieu de ce peuple l'homme du dévouement et de l'amour. Aux jours terribles, vous fûtes pour cette malheureuse bourgade la vivante apparition de la charité qui sauve. Depuis lors vous n'avez cessé de personnifier l'espérance qui relève. Non content d'appeler la France entière à l'œuvre expiatoire qui trouve son expression dans ce temple, vous avez voulu faire de l'église de Loigny comme un panthéon chrétien de martyrs. C'est vous qui avez été chercher sous les tertres de la plaine les 1,200 cadavres dont les restes calcinés forment cet ossuaire ; vous les avez réunis à leur vraie place, à côté de la tombe de Sonis, à côté de celle que s'est réservée Charette, sous l'autel où se renouvelle chaque jour le sacrifice rédempteur.

C'est là ce qui sauvera à jamais de l'oubli le temple que les mains du Pontife viennent de consacrer. Tant que la France portera le deuil qu'elle n'a pas quitté depuis vingt-deux ans, les meilleurs de ses enfants viendront chercher ici les leçons de l'immolation. Ils viendront apprendre, en lisant les noms gravés sur ce marbre, en s'agenouillant devant ces ossements blanchis, comment on sauve l'honneur dans la défaite, comment on prépare le triomphe. D'autres, après eux, y apporteront des trophées.

Ah ! Français, mes frères, comprenez le grand enseignement qui sort de ces tombeaux ! A Loigny, la France et la religion ne font qu'un ; entre le patriotisme et la foi, l'alliance est indissoluble. Respectez-la partout, cette alliance ; ne séparez pas ce que le sang des héros a cimenté. N'écoutez pas les docteurs de mensonge qui prétendent remplacer le culte de Dieu par le culte de la patrie. Tentative chimérique autant que sacrilège, car le culte de la patrie est fait de dévouement et de sacrifice ; et l'âme humaine, quand on l'isole de Dieu, n'est capable que d'égoïsme.

O Christ, qui aimez la France, détournez vos yeux des spectacles d'impiété qu'elle étale ; abaissez vos regards sur ce coin béni de votre sol où le sang des braves a coulé pour votre cause, où votre sang coule chaque jour au-dessus de leur dépouille. Envoyez d'ici à la France entière un esprit de régénération et de vie. Faites grandir sous notre ciel une race vaillante et pure, croyante et généreuse. Puis confiez-lui les destinées de votre peuple. Alors ce peuple reverra les jours glorieux; il connaîtra la paix qui suit la victoire et les vertus qui embellissent la paix. Alors Loigny deviendra le but d'un pèlerinage nouveau, où les chants de l'action de grâce remplaceront les pleurs du repentir. Et grande plus que jamais sera la gloire de cette demeure; c'est Dieu qui nous l'atteste. Lui-même a promis d'y verser ses trésors. *Magna erit gloria domus istius... In loco isto dabo pacem. Amen.*